# QUELQUES MOTS

SUR LE

# TRERS – PARTI.

# BORDEAUX.

CHEZ R. TEYCHENEY, IMPRIMEUR-LIBRAIRE,

Rue Esprit-des-Lois, n. 16.

NOVEMBRE 1835.

# QUELQUES MOTS

SUR

# LE TIERS-PARTI.

*(Fin de Novembre 1835.)*

*Quorum pars.....*

Le tiers-parti, sur lequel des hommes honorables m'ont paru désirer des renseignemens, n'excite pas vivement aujourd'hui la curiosité publique; toujours avide de faits nouveaux, d'événemens extraordinaires, et ne peut dès lors donner à un écrit cette couleur dont il manque lui-même, j'en conviens.

Néanmoins, son opposition et les causes qui l'ont amenée, son passage au ministère et la position qu'il occupe à la Chambre des Députés, entre la gauche et les colonnes du centre, lui donnent assez d'importance pour qu'il ne soit pas sans intérêt de le connaître, et peuvent justifier ces réflexions, purement historiques et non apologétiques, d'un homme assez bien placé naguère pour observer les phases diverses des pouvoirs constitutionnels et leurs mouvemens périodiques.

Venons à sa définition :

D'abord deuxième section de gauche, le tiers-parti, appelé de ce nom et contre son gré par ses adversaires politiques, pour le distinguer des autres opinions de la représentation nationale, est cette portion considérable de la majorité de 1831 et 1832 qui, fidèle au 13 mars, tend, par un mouvement régulier et continu, à ramener à la partie énergique de ce système, c'est-à-dire vers juillet 1830, le ministère s'il s'en écartait.

Composé d'hommes vieillis aux travaux législatifs, dont plusieurs appartenaient à l'opposition des 15 ans, firent partie des 221 et concoururent à leur immortelle adresse, il tire son origine, comme les deux autres influentes opinions, de la représentation nationale, de cette légion constitutionnelle de laquelle sortit aussi la révolution.

Dès le commencement de 1831, après l'émeute de février, le 13 mars succédant au 3 novembre, il s'y rallia, et assura le maintien de ce système en lui donnant la majorité à l'occasion du premier ordre du jour motivé ; mais il est vrai de dire qu'il ne fut connu sous cette dénomination de tiers-parti que plus d'un an après, lorsque ses principes politiques, méconnus selon lui par le 11 octobre, l'obligèrent de les défendre.

Le 13 mars avait vaincu, et par la vigueur de caractère du ministre dirigeant, l'appui de la majorité, et les sympathies de la France, quand l'illustre Casimir Périer descendit au tombeau !... Sa mémoire vivra chez nos neveux : guidé par la sagesse, aidé de cette force de volonté qui seule fait les hommes d'état, il lui fut donné, pendant son trop court passage, de maintenir l'ordre au dedans et la paix au dehors, deux choses fort dépendantes l'une de l'autre, et dont la difficulté vaincue lui assure, à jamais, la reconnaissance publique.

A ce titre à nos regrets, il en acquit un autre en faisant déclarer la séparation de la Belgique d'avec la Hollande. ( Traité de Londres, du 15 novembre 1831. ) (1)

Chose remarquable ! « Vous voulez, disait-il à « cette occasion à la Sainte-Alliance, l'exécution

(1) Non ratifié par la Sainte-Alliance.

« pleine et entière des traités de 1815 ou la
« guerre; eh bien, nous, mettons pour condition
« de la paix la dissolution du royaume des Pays-
« Bas, élevé dans un but hostile à la France. » Et
il l'obtint par la crainte même de la guerre dont
on nous menaçait! Rien n'est plus beau dans nos
annales.

Une autre fois, et sur ces entrefaites, parlant
à des députés dont je faisais partie, il dit : « Nous
« voulons la paix; l'intérêt de l'Europe est aussi
« de la vouloir; mais s'il entre un seul Prussien
« en Belgique, nous *leur* enverrons quatre cent
« mille hommes, et nous verrons après. » Parlant
ainsi, ses yeux noirs surchargés de sourcils épais,
sa haute stature, le faisaient réellement ressem-
bler au maître des dieux d'Homère ou au Jupiter
*Stator* des Romains. Il est juste de dire que le
même langage fut tenu par ses successeurs immé-
diats pendant que nos soldats foudroyaient Anvers. On me pardonnera ces détails en faveur de
ce qu'ils ont de grand.

Le 11 octobre parut. Celui-ci, formé en partie
des élémens de l'ancien ministère, fut reçu avec
espoir par la France de juillet, fière d'y voir en
tête le plus illustre de ses guerriers (1); et la légis-

(1) Le maréchal Soult, duc de Dalmatie.

lature, pour concourir à l'accomplissement des idées de grandeur que la révolution avait fait naître, lui accorda noblement, généreusement, tous les moyens d'atteindre ce but désiré...

Ainsi passa sans examen, au nouveau cabinet, cette majorité objet des vœux de son prédécesseur ! Un seul acte d'héritier, la simple déclaration d'être fidèle au système suivi, et duquel il se disait le continuateur, la lui donna tout entière; il en usa largement et avec bonheur.

Si le ministère a tenu ses promesses, blâme au tiers-parti, sa séparation d'avec ses anciens amis n'aura d'autre but que le pouvoir; elle est sans excuse.

Cependant, aux hommes qui survécurent au 13 mars en avaient été adjoint d'autres pris comme les premiers dans les sommités du talent; leur adhésion parut sincère, et divers actes d'administration intérieure répondent à cette idée : Paris sauvé des mains des factieux, et avec lui la royauté constitutionnelle et l'ordre social tout entier; Lyon soumis à l'empire des lois et à l'autorité légale, la Vendée pacifiée et le mémorable siége d'Anvers, sont des actes dignes de la haute mission du cabinet et de toute notre gratitude. Ajoutons que le tiers-parti, dans ces conjonctures, concourut, par son vote approbatif, à valider les mesures énergiques prises à ces diverses occasions.

Mais si, sous le rapport intérieur, il y eut comme toujours identité de vues, communauté de principes, l'unité politique ne se montra pas complète en ce qui a trait aux affaires extérieures. Rarement les hommes d'état adoptent en entier les idées gouvernementales de leurs devanciers ; chacun a les siennes, qu'il caresse, reproduit et veut faire prévaloir ; à un système déjà ancien, on substitue le sien propre, celui à qui l'on veut donner son nom. La réforme britannique et juillet, qu'unissait un intérêt commun, ne parurent bientôt plus se comprendre, et les tories apparaissant à l'horison, il est permis de penser que déjà le 13 mars était modifié dans la pensée de quelques-uns des nouveaux venus ; un temps d'arrêt eut lieu dans la marche suivie jusqu'alors, et une certaine hésitation fît craindre un pas rétrograde.

Que ce fût comme moyen de conserver l'harmonie nécessaire au maintien de la paix, je le crois ; mais le tiers-parti n'y vit qu'un retour vers une politique exhérédée par le système Périer, que juillet 1830 ne pouvait admettre sans violer le principe même de son existence.

Au nombre de ses griefs il faut mettre en première ligne l'abandon d'Anvers, trop tôt rendu pour la gloire de la conquête, et l'emprunt grec qui rappela pour la Bavière 1805 et 1813 ( Austerlitz et Hanau ), ce que nous fîmes pour elle, et quelle en fut la récompense !

Inutilement observait-on que ces deux faits résultaient de conventions arrêtées, l'une avec l'Angleterre et Léopold, pour la remise immédiate aux Belges de la citadelle d'Anvers, et l'autre de 1832, relative à l'emprunt de soixante millions par tiers, consenti par la France, la Grande-Bretagne et la Russie en faveur du jeune Othon : partageant sur ce point la manière de voir de l'opposition plus avancée, le projet de loi ne passa qu'à une faible majorité, due peut-être au repos d'Achille, retiré ce jour-là sous sa tente, sans vouloir défendre les Grecs ni les combattre.

La création du 4 avril ajouta aux difficultés de la situation. Conçue dans le but évident de rendre plus compacte, plus homogène, la majorité dans le conseil, elle opéra dans le personnel du cabinet plusieurs mutations : ainsi le garde-des-sceaux actuel remplaça M. Barthe ; M. d'Argou céda l'intérieur, et au duc de Dalmatie succéda le comte Gérard. C'était assurer le triomphe du 11 octobre sur les hommes du 13 mars, ce que le tiers-parti ne pouvait voir sans amertume, quand le nouveau ministre de la guerre se retira à son tour, ne pouvant s'entendre avec ses collègues, soit sur la question d'amnistie ou sur tout autre.

La retraite presque successive de deux maréchaux, image sensible de ce que renferme de belliqueux la révolution de juillet, produisit sur le tiers-parti une impression défavorable. Comparant par la pensée le noble langage tenu à l'ouverture des sessions législatives, les diverses adresses de la Chambre en réponse aux discours de la couronne, et le peu d'énergie des actes de ses conseillers, qui devaient en être l'expression, une scission déjà flagrante devint définitive entre eux lors de la première discussion du traité américain, repoussé par les deux sections de gauche et quelques voix de l'ancienne droite, il est vrai, mais dont la chambre eût voté l'adoption, si, plus calme, elle eût prêté toute son attention aux considérations de l'ordre le plus élevé, présentées en faveur du projet de loi par son rapporteur (1), et développées par lui à la tribune, avec talent. En vain, d'éloquentes voix parties du ministère mon-

(1) M. Jay, député de la Gironde.

trèrent les résultats obtenus du système suivi jusqu'alors, et abordant les hautes questions de la morale unie à la politique, firent voir la prospérité et le bonheur du peuple attachés à son maintien ; le charme était rompu......... il cessa de l'appuyer.

Son opposition, toutefois, ne fut qu'accidentelle et en dedans de la Charte ; dynastique et social, le tiers-parti demeura fidèle à ses convictions, à ses sermens.

Sa défection défit la majorité jusque-là hommogène, devint une des causes de la dissolution du 4 avril, prépara son entrée au ministère des trois jours (10 novembre), qu'il ne put garder, sans doute, mais où il avait été jugé digne d'arriver, et répondit ainsi, à cette interrogation d'un écrivain remarquable, ardent et consciencieux, qu'est-ce que le tiers-parti ? quant à son abdication ou sa retraite, comme on voudra l'appeler, des motifs de haute politique purent ne pas y paraître étrangers, mais, à mon avis, des raisons tout-à-fait constitutionnelles la déterminèrent ; elle eut lieu dans la sage prévision bientôt après justifiée que cette combinaison n'aurait pas la majorité dans la Chambre des Députés : et en effet, le nouvel ordre du jour motivé devait l'écarter du ministère, en maintenant, ainsi qu'il le fit, la possession annale à qui pouvait l'invoquer; restera à prononcer au fond, dans la session qui va s'ouvrir.

Je n'ignore pas que cette opinion est accusée de n'avoir pas de système et de manquer de vues politiques; elle répondra, qu'en position de formuler le sien, le 13 mars, en ce qu'il se rapproche le plus de juillet 1830, dont-elle (tiers-parti) conserve un mâle souvenir tempéré par le besoin de la paix, serait sa règle de conduite; et que l'alliance britannique, sous la condition d'un ministère wigh, cimentée par la nature des deux gouvernemens, leurs rapports politiques et commerciaux, l'identité d'origine et d'intérêts qui les lient lui eût semblé acceptable, surtout depuis le traité de la quadruple alliance (1), renvoyant, au surplus, à la dernière *adresse* qui est son fait reconnu, pour plus ample information.

On sait que la convention du 22 avril et 18 août 1834 eut pour objet la pacification de l'Espagne et du Portugal; pourtant des personnes éclairées d'ailleurs veulent y voir une ligue occidentale contre les desseins ambitieux du Nord.

(1) On voit que cette politique ne s'écarte guère de celle suivie jusqu'à présent.

Certes, ce serait répondre dignement aux puissances de l'Europe septentrionale, riches du partage de la Pologne et de l'immense héritage délaissé par l'Empire à sa chute, et dont une alliance fédérative en armes menace le repos du monde, que de leur opposer, sous le patronage de la France et de l'Angleterre, l'union des gouvernemens constitutionnels et des états disposés à le devenir : bientôt un contre-poids nécessaire serait donné à la balance des nations, et l'équilibre européen, rompu depuis vingt ans, enfin rétabli.

Mais comment espérer de notre alliée son loyal concours à l'accomplissement de si grandes choses, tant que le nuage d'Orient ne laissera pas échapper l'étincelle électrique qui doit allumer la foudre? Ce jour-là (si tel est l'arrêt du destin), une alliance autrement armée que celle du 22 avril serait proposée à la France, je me l'assure, et que d'efforts et de promesses pour obtenir sa puissante et décisive coopération!

Revenant au tiers-parti, sa position va devenir difficile pendant la session prochaine, et de sa conduite peut dépendre son avenir moral. Marchera-t-il avec l'opposition de gauche, ou dans un but de majorité, recevra-t-il dans ses rangs les



I

dissidens du 13 mars? Un ministère de fusion pourrait sortir de cette association, j'en conviens, mais serait-il durable? Non; bientôt absorbé par ses fiers alliés, le tiers-parti, avec le regret d'avoir méconnu ses principes constitutifs, renoncé à ses droctines, perdrait aussi sa nationalité, son nom et jusqu'au souvenir de ses actes. Ah! que mieux inspiré, il ait foi en lui, et qu'il attende de la seule opinion publique, le triomphe passager qu'il obtiendrait ainsi sur ses anciens amis. — Ce qui semble plus assuré, c'est que la question de la présidence, ou plutôt sa solution, jettera un grand jour sur la nature des débats parlementaires, auxquels le tiers-parti prendra le plus de part; reste à savoir si le ministère voudra conjurer l'orage ou le braver.

A cette difficulté s'en joint une autre, dans l'hypothèse, bien entendu, de son retour aux affaires; la voici :

Pour justifier son opposition à l'administration précédente, il lui faudra faire mieux et différemment que ses adversaires, c'est évident; et diminuer les charges publiques, faire disparaître bonne partie de l'impôt indirect, devra être son premier soin pendant la paix, qu'il voudra conserver, du moins je le présume. Par malheur, il n'est que deux moyens pour tout cela : la réduction des rentes peu populaire à Paris, et celle de l'armée. Or, comment concilier ses idées d'indépendance avec cette dernière mesure ? à peine ses orateurs en hasardèrent la manifestation, que les députés-militaires, anciens et nouveaux, s'en émurent; plusieurs de ses adhérens menacèrent même de passer dans le camp opposé, il m'en souvient, et personne n'ignore que sa guerre au vieux maréchal n'a pas été heureuse. Elle ne saurait jamais l'être à ce prix : blâme au pouvoir délibérant s'il sacrifiait ce gage assuré de grandeur et de vie; malheur à la France si elle jetait loin d'elle l'arme qui la doit défendre contre ses ennemis et lui permettre d'entendre, sans s'y conformer, les arrêts émanés du Conseil des Rois ! Espérons que le tiers-parti trouverait (le cas échéant) dans son génie financier des moyens d'économie plus analogues avec notre situation présente.

Pour ma part, tout en reconnaissant que la politique d'un état puissant, inévitablement soumise à l'influence des événemens imprévus, aux exigeances diplomatiques, aux traités invoqués est mobile de sa nature, si ce n'est quant à ces principes rigoureux, déterminés, du moins dans ses rapports extérieurs, et ne peut être renfermée dans le cadre étroit d'un programme bon tout au plus pour Genève ou Lacédémone; sans blâmer la direction donnée à nos relations actuelles, car la France peut choisir ses alliances et sera la bienvenue des nations, soit qu'elle se présente avec l'olive ou même l'épée, j'exprime le double vœu :

Que le ministère, dans l'éventualité d'une collision possible en Europe, ne devienne l'auxiliaire d'aucune des parties belligérantes qu'en vertu de traités authentiques, formels, péremptoires, basés sur des intérêts commerciaux réciproques, reposant sur une égalité d'échanges de nation à nation, et dont les stipulations claires et précises, exemptes de toute ambiguité, ne laissent aucune prise à une fausse interprétation, à la mauvaise foi.

Que pour assurer l'exécution pleine et entière des clauses et conditions convenues, soit pour sa propre querelle, le Gouvernement réunisse et garde sous sa main tous les moyens d'action dont le pays offre l'immense ressource; qu'à cet effet, s'en tenant à la lettre de la convention du 22 avril, nos armées n'entrent pas en Espagne, et qu'après correction donnée aux peuplades sauvages d'Afrique, nos soldats aguerris n'aillent pas sans gloire occuper les sommets de l'Atlas, mais rentrent dans la mère-patrie (laissant quelqu'un des leurs à la garde d'Alger), pour être prêts à marcher de nouveau où l'honneur national les appellera.

Tel est le précis historique du tiers-parti, que j'ai cru devoir publier, pour répondre à des vœux particuliers et satisfaire la curiosité de mes amis bien plus que leur esprit. Il est superflu, sans doute, de déclarer que l'opinion qui a servi de texte à ces lignes ne doit être responsable ni de ce que j'en ai dit, ni des détails dans lesquels je suis entré : j'ai écrit ce qui m'a paru vrai, usant du droit que m'en donne l'article 7 de la Charte, et voilà tout. J'aurais pu donner un peu de vie à mon sujet en plaçant en regard les autres opinions dont le siége est à la Chambre des Députés, ou en faisant de l'opposition ; je ne l'ai pas voulu, et me suis volontairement privé, je le sens, de l'unique moyen d'intéresser mes lecteurs, et de donner naissance à une polémique que, sans la craindre, je ne désire pas soulever à cette occasion.

GAILLARD, DU MÉDOC,

*Ancien Député, membre du Conseil Général du département de la Gironde.*

Bordeaux. — Imprimerie de R. TEYCHENEY, allées d'Orléans, 16.